살아서도, 죽어서도
바다를 지키는 향유고래

100년 넘게 살기도 하는 향유고래는 바다 생태계에서 아주 중요한 역할을 합니다. 향유고래가 오징어를 즐겨 먹지 않았다면, 바다의 다른 생물들이 오징어에 잡아먹혀서 남아나지 않았을 거예요. 이렇듯 포식자로서 해양 생물의 개체 수를 조절하는가 하면, 영양분이 풍부한 배설물을 내보내서 작은 생물들이 자라는 데에 도움을 준답니다.

주어진 수명을 다하고 죽은 뒤에는, 깊은 바다 아래로 가라앉습니다. 바다 밑바닥에 닿은 고래의 몸은 심해 생물의 먹이이자 새로운 터전이 되지요. 고래 한 마리가 바닷속 수많은 생물을 살리는 겁니다. 이 현상을 '고래 낙하'라고 부릅니다.

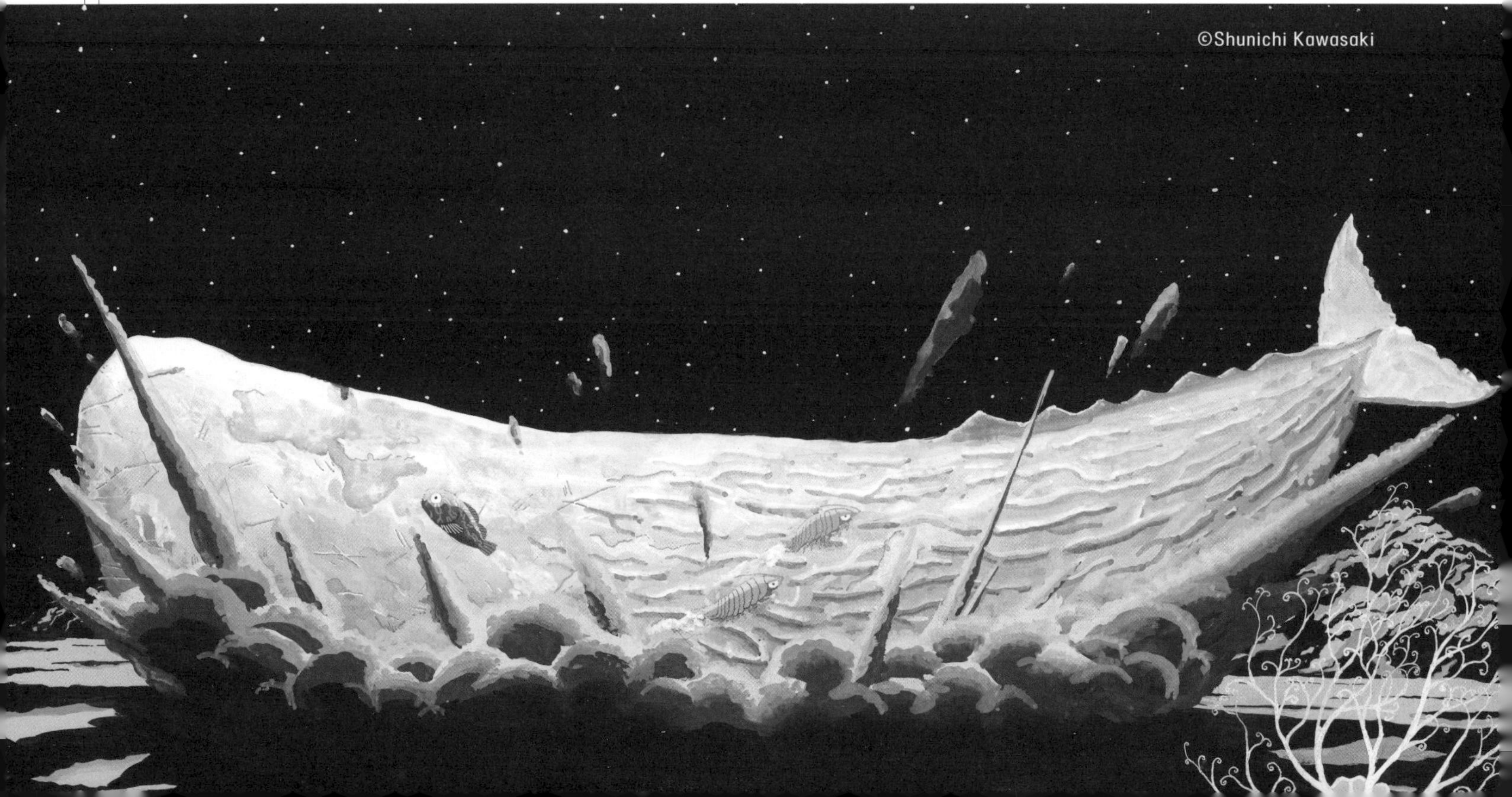

©Shunichi Kawasaki

고래 낙하, 더 알아보기

숫자로 보는 고래 낙하

약 100년
고래 낙하가 이루어지는 기간

70만 마리
매년 전 세계에 가라앉는 고래의 수

90여 종
전 세계에 서식하는 고래의 종류

4000여 종
고래 한 마리에 기대어 사는 해양 생물

2만 9천 톤
매년 고래 낙하로 바다에 저장되는 탄소의 양

1987년
고래 낙하 생태계가 처음 발견된 때

2003년
뼈먹는꽃벌레가 처음 발견된 때

목차

궁금했지, 향유고래? ··· 2

고래 낙하, 더 알아보기 ··· 4

《고래가 죽으면》 독서 활동지 ··· 7

정답과 답변 예시 ··· 18

심해에 떨어진 향유고래는 어떤 동물일까?

고래는 이빨이 있는 고래와 없는 고래, 두 종류로 나뉘는데 향유고래는 그중 이빨이 있는 고래에 속해요. 이빨이 있는 고래 가운데 가장 크죠. 머리가 몸의 3분의 1을 차지할 정도로 거대하고, 머리 안쪽에는 '향유'라고 불리는 기름이 들어 있어서 향유고래라는 이름이 붙었어요. 이 기름이 향유고래의 몸을 띄워 주기 때문에 깊은 심해까지 잠수하고도 무리 없이 얕은 바다로 올라올 수 있죠. 한번 잠수하면 무려 90분 동안 숨을 참을 수 있다고 해요.

✽ 향유고래 ✽

무게: 수컷 57톤, 암컷 43톤
몸길이: 수컷 최대 20미터, 암컷 12미터
수명: 평균 70년
좋아하는 먹이: 대왕오징어
능력: 3,000미터 깊이까지 잠수 가능

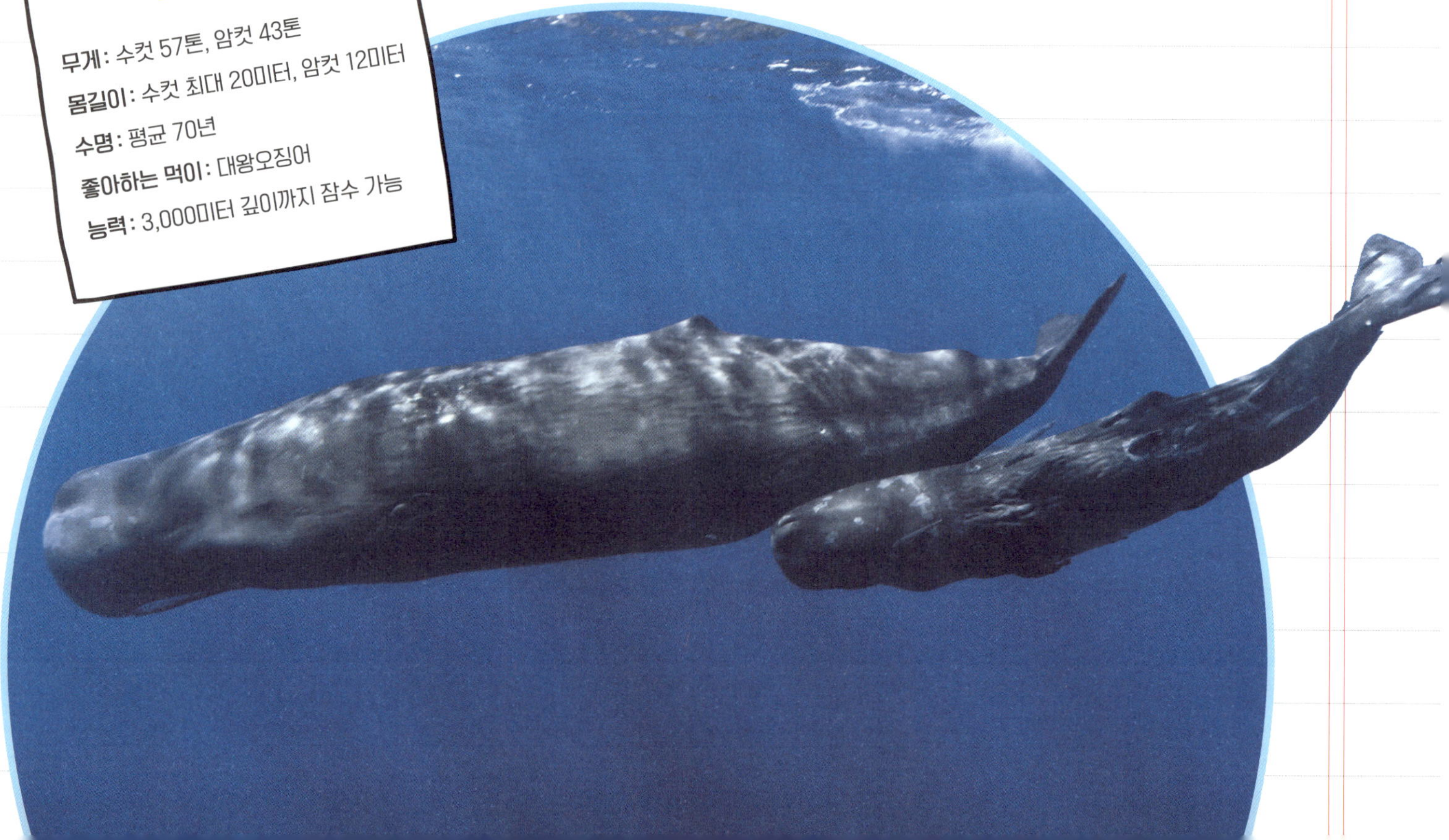

바다를 비옥하게 하는 고래 낙하

바다에는 다양한 고래가 살고 있습니다. 이 고래들이 생을 마치고 심해에 가라앉으면 그 주위로 새로운 생태계와 먹이 사슬이 형성됩니다. 고래의 몸은 깊은 바다에 탄소를 저장하는 역할까지 합니다. 기후 위기로 탄소 배출을 줄여야 하는 상황에도 도움을 주는 것이죠. 그래서 고래의 개체 수를 보존하는 것은 우리 모두의 중요한 숙제입니다.

모두를 이롭게 하는 고래지만, 고래 낙하가 연구된 지는 얼마 되지 않았습니다. 사람이 심해에 대해 아는 건 고작 2퍼센트에 불과하다고 해요. 높은 수압과 극한의 어둠으로 접근이 어렵기 때문이에요. 이러한 환경에서 삶을 이어 가는 심해 생물들은 아직도 연구 대상으로 남아 있습니다.

고래 낙하 과정을 더 생생히 살펴보고 싶다면?

QR 코드를 찍어 보세요!

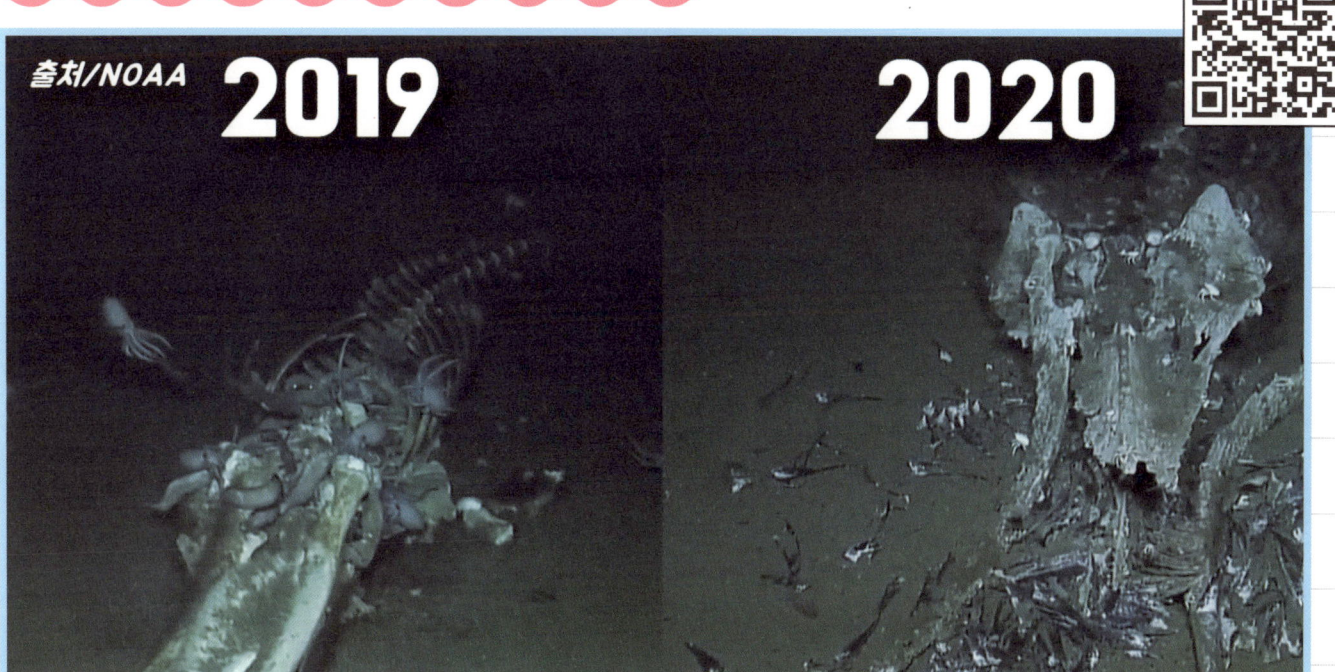

출처: 과학드림 유튜브

고래와 심해, 생생하게 살피기

▶ 심해에는 무엇이 숨어 있을까?

고래 낙하가 이뤄지는 심해는 어떤 곳인지 영상으로 살펴봐요.

QR 코드를 찍어 보세요!

출처: 한눈에 보는 세상 유튜브

📍 장생포고래박물관

우리나라에 하나뿐인 고래 전문 박물관으로, 고래와 해양 생태계에 대해 배울 수 있어요.

장생포고래박물관

위치: 울산광역시 남구 장생포고래로 244
이용 시간: 9:00~18:00
문의: 052) 256-6301~2

《고래가 죽으면》 독서 활동지

지은이 전은주

서울가재울초등학교 4학년 선생님이에요.
그림책사랑교사모임에서 활동하며 《그림책으로 시작하는 생태 전환 교육》을 썼습니다.
초등학생들과 함께 환경 그림책을 읽으며 꾸준히 생태 전환 교육을 하고 있습니다.

Text copyright ⓒ전은주 2025

내용 되짚기

책에서 읽은 내용을 정리해 봅시다.

1. 깊고 깜깜한 바닷속 작은 빛은 누구의 빛이었나요?

2. 깊고 깊은 심해에서 바다 생물들은 가만히 먹이를 기다립니다.
   그때 '쿠웅'하고 떨어진 것은 무엇인가요?

3. 고래가 심해로 떨어진 이유는 무엇인가요?

....

....

4. 고래의 몸은 깊고 넓은 바다에 잘 차려진 맛있는 음식이 되었습니다.
   이러한 의미를 갖는 네 글자의 단어를 책에서 찾아보세요.

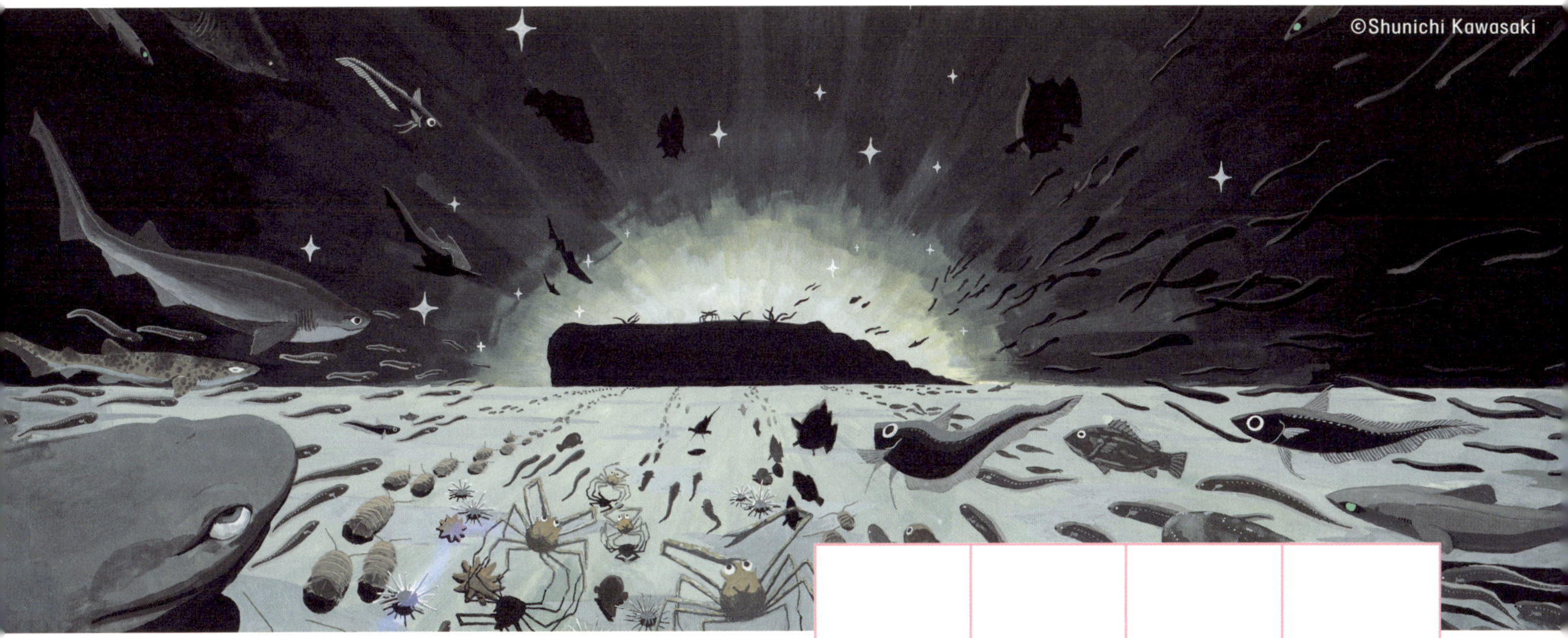

5. 빨갛고 가는 실처럼 보이는 하늘하늘한 생물의 이름은 무엇인가요?

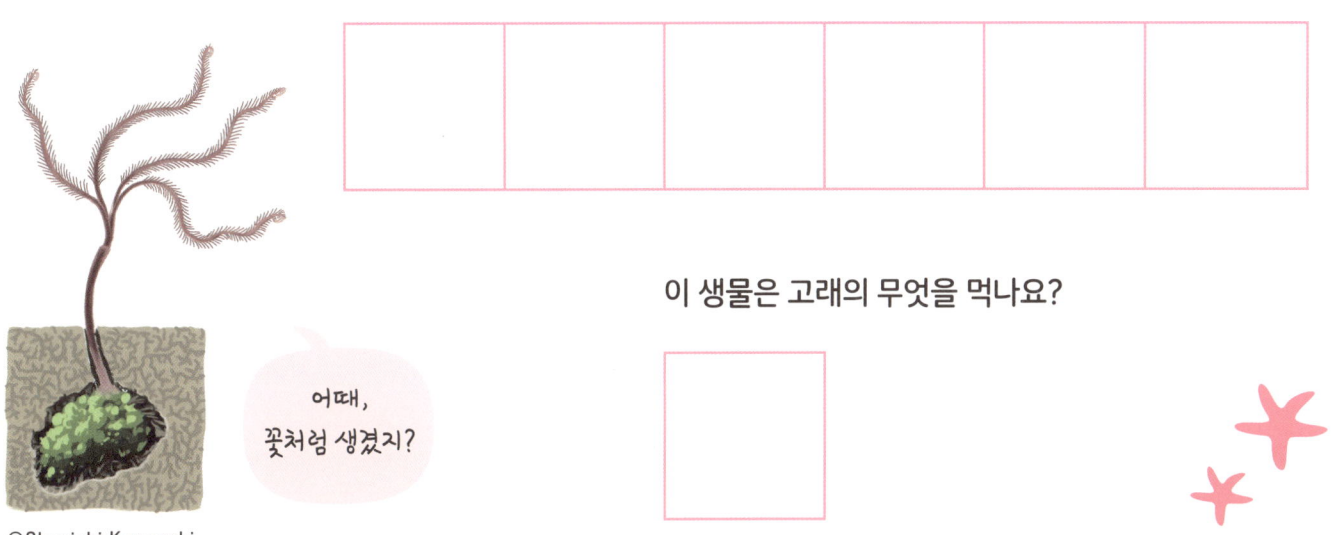

이 생물은 고래의 무엇을 먹나요?

심해 생물 탐험

책에 등장한 심해 생물들을 살펴봅시다.

1. 고래가 죽으면 고래를 먹기 위해 몰려오는 생물들이 있습니다.
   심해에 사는 생물과 각각의 이름을 연결하여 봅시다.

©Shunichi Kawasaki

2. 《고래가 죽으면》에서 죽은 고래를 가장 먼저 찾은 생물과 집게로 고래의 살을 발라 먹은 생물은 각각 누구였나요? 생물의 이름과 특징을 함께 적어 봅시다.

이름:

특징:
....
....
....

이름:

특징:
....
....
....

> 고래가 죽으면 먼저 큰 동물들이 고래의 살을 뜯어 먹어. 고래 살은 무려 2년 동안 먹을 수 있대!

3. 심해는 빛이 닿지 않는 깊은 바다입니다.
   심해에는 사진 속 해파리처럼 빛을 내는 생물이 살고 있습니다.

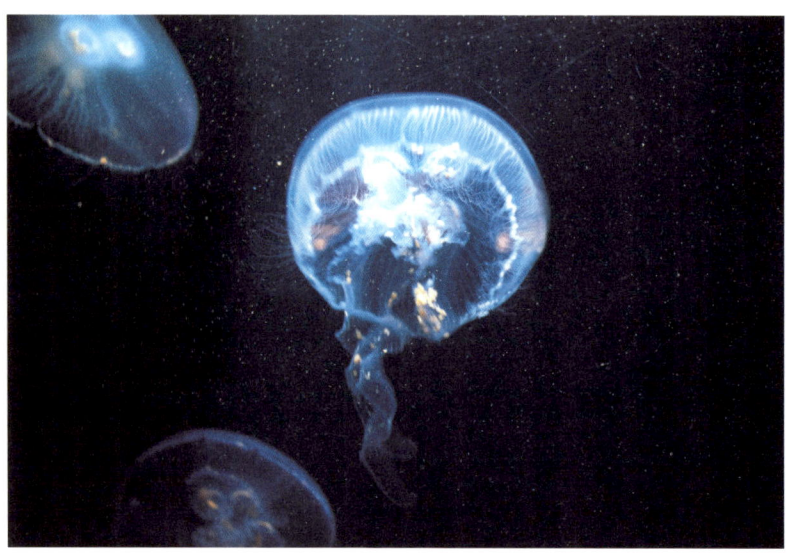

이렇게 빛을 내는 생물을 '(ㅂㄱ ㅅㅁ)'이라고 합니다.
아래 물고기에서 빛이 나는 부분은 어디인가요? 동그라미를 쳐서 표시해 봅시다.

©Shunichi Kawasaki

4. 이 생물은 왜 빛을 내는 걸까요?

....

....

5. 심해에 사는 바다 생물을 상상하여 그려 봅시다. 바다 생물의 이름도 지어 주세요.
   고래 주변에 있는 심해 동물을 상상하여 그려도 좋습니다.

심해 생물 이름:
....

이 심해 생물의 특징:
....

....

....

먹이 사슬이 뭐예요?

바다에는 눈에 보이지 않는 작은 플랑크톤부터 조개, 물고기, 큰 고래까지 다양한 생물이 함께 살아갑니다. 생물들은 서로 먹고 먹히는 관계로 연결되어 있어요. 이를 먹이 관계가 사슬처럼 연결되어 있다고 하여 '먹이 사슬'이라 부릅니다. 이 먹이 사슬 여럿이 복잡하게 얽혀 마치 그물처럼 보이면 '먹이 그물'이라고 불러요. 바다 생태계에서는 다양한 생물이 연결되어 살아갑니다.

플랑크톤

작은 물고기
예) 멸치, 정어리

상어

큰 물고기
예) 고등어, 참치

1. 《고래가 죽으면》에서 먹이 사슬은 어떻게 형성되었나요? 빈칸을 채워 봅시다.

©Shunichi Kawasaki

본문 38쪽을 찾아 봐!

> 고래가 죽고 나면 썩은 고래 뼈에서 '황화수소'가 뿜어 나온다.
> • 황화수소를 (ㅇㅇㅂ)으로 바꾸는 (ㅂㅌㄹㅇ)가 몰려든다.
> • (ㅂㅌㄹㅇ)를 먹는 생물이 몰려든다.

2. 다양한 생물이 연결된 생태계에서 어느 한 생물이 사라지면 어떻게 될까요? 기사를 보고 고래가 사라지면 생태계에 어떤 영향이 생길지 적어 봅시다.

바다의 수호자 고래가 사라진다

무분별한 고래잡이(포경), 해양 쓰레기, 기후 변화로 고래가 위협받고 있다. IMF는 "고래 보호가 기후 변화 완화에 수천 그루 나무 심기보다 효과적"이라며, 고래 감소가 해양 생태계와 탄소 순환에 악영향을 줄 것이라고 우려했다.

고래가 사라지면
....
....
....
....

생각 키우기

책을 읽고 나서 느낀 점을 정리해 봅시다.

1. 《고래가 죽으면》에서 가장 재미있었거나 기억에 남는 부분은 어느 장면인가요? 그 이유도 함께 써 보세요.

....

....

2. 재미있던 장면을 생각하며 친구에게 책을 추천하는 광고지를 만들어 보세요.

3. 고래는 심해 생물들에게 자신의 몸을 아낌없이 주었습니다.

    여러분이 고래라면 어떤 기분이 들 것 같나요? 고래의 마음을 상상해 일기를 적어 보세요.

    날짜: 20__년 __월 __일   오늘의 날씨:

    오늘은 내가 바다에서 보내는 마지막 날이다.

4. 고래의 생명은 끝이 나도 그 몸을 먹은 생물들은 또 다른 생명을 이어 갑니다.

    고래 덕분에 생명을 이어 가는 생물이 되어 아낌없이 주는 고래에게 감사 편지를 써 봅시다.

    _____ 가 보내는 감사 편지

정답과 답변 예시

8~9쪽
1. 심해 아귀
2. 향유고래
3. 주어진 수명을 다 해서.
4. 진수성찬
5. 뼈먹는꽃벌레, 뼈

10쪽
1. ㄱ-6, ㄴ-3, ㄷ-2, ㄹ-5, ㅁ-4, ㅂ-1, ㅅ-7

11쪽
2. 거친피부상어
예) 초록색 눈을 감았다 뜰 수 있다.

키다리게
예) 긴 다리와 집게를 갖고 있다.

12쪽
3. 발광 생물

4. 예) 빛나는 부분을 미끼로 사용해 물고기를 유인하고 잡아먹기 위해서.

©Shunichi Kawasaki

15쪽

1. 영양분, 박테리아, 박테리아
2. 예) 해양 생태계의 균형이 무너지고,
   탄소 배출이 늘어난다.

16쪽

예) 거친피부상어가 냄새를 맡고 헤엄쳐 오는 장면. 왜냐하면 오랫동안 먹이를
못 먹고 굶주렸다가 고래 냄새를 맡고 가장 먼저 헤엄쳐 오는 게 재밌었다.

17쪽

3. 예) 오랜 시간 바다에서 많은 친구들을 만났는데 더 이상 만날 수 없다고 생각하니 아쉽다.
   눈을 감으면 저 깊은 바다 아래로 떨어지겠지? 죽는 건 슬프지만 마지막까지 다른 생물들에게
   도움을 줄 수 있으니 보람되기도 하다.

4. 예) 뼈먹는꽃벌레가 보내는 감사 편지
   삭막한 심해에서 이렇게 성대한 잔치가 열리다니.
   고래 당신 덕분에 오랫동안 버틸 수 있는 힘을 얻었어요.
   마지막까지 우리에게 베풀어 준 마음
   오래 기억할게요.

©Shunichi Kawasaki

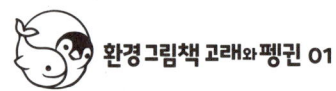

환경 그림책 고래와 펭귄 01

마이티 오!
바다 생물의 집이 된 항공 모함

미국 좋은 어린이 책 10관왕
과학 기술로 환경을 살린 놀라운 실화!

"항공 모함 오리스카니호가 바다 생물들의 보금자리가 되는 과정을 이해하기 쉽게 풀어낸 책. 갈등과 폭력에서 평화와 상생으로 변하는 과정이 울림을 준다."
– 장소영(월봉초등학교 교사, 환경과생명을지키는전국교사모임)

제시카 스티머 글 | 고디 라이트 그림 | 박규리 역 | 38쪽 | 17,500원

고래가 죽으면 활동책

발행 2025년 10월 29일
펴낸이 최순영
교양 학습 팀장 김솔미 **편집** 연혜진 **키즈 디자인 팀장** 이수현 **디자인** 진예리

펴낸곳 ㈜위즈덤하우스 **출판등록** 2000년 5월 23일 제13-1071호
제조국 대한민국 **주소** 서울특별시 마포구 양화로 19 합정오피스빌딩 17층
전화 02)2179-5600 **홈페이지** www.wisdomhouse.co.kr
전자우편 kids@wisdomhouse.co.kr

ⓒ Shunichi Kawasaki, 전은주 2025

*이 활동책은 그림책 《고래가 죽으면》을 보다 깊게 이해하기 위해서 만들어졌습니다.
*이 책의 전부 또는 일부 내용을 재사용하려면 반드시 사전에 저작권자와 ㈜위즈덤하우스의 동의를 받아야 합니다.

사진 및 이미지 출처

2쪽 향유고래 ⓒGabriel Barathieu, 5쪽 출처: 과학드림 유튜브,
6쪽 출처: 한눈에 보는 세상 유튜브, 6쪽 ⓒ장생포고래박물관, 14쪽 출처: 셔터스톡